U0111369

武術 特輯
26

華佗五禽劍

劉時榮／編著

大展出版社有限公司

序

　　亳州為商代第一個帝王成湯的國都。歷史悠久、文化燦爛，在歷史的演變過程中，亳州文化發展並創造著自己的文質華章，享譽中外。

　　東漢時期，傑出的醫學家華佗誕生在這裡。華佗不僅精於外科，世稱鼻祖，又發揮了中醫內科的臟腑辨證而首創「五禽戲」以開體育醫療的先河。

　　《三國誌・華佗傳》謂其「曉養性之術，時人以為年且百歲，而貌有壯容」。華佗養性有術，是從我國古代導引之事得來。

　　《莊子・刻意篇》說：「吹呵呼吸，吐故納新，熊經鳥伸，為壽而已矣，此導引之事，養行之人，彭祖壽考者所好也。」

　　華佗對古代導引之事和養生思想深入探討，全面概括了導引的特點和作用，採取虎猛、鹿敏、熊穩、猿智、鳥和的特徵而成「五禽戲」。完善了我

國古代導引之事，使它獲得了新的價值。

劉時榮先生，於 1924 年出生在華佗故里，自幼受鄉土的薰陶，酷愛武術，從名家譚繼林老師習武，尤喜五禽戲並練劍術。後因公務繁忙，只得去武習文，但身心日顯衰弱。

至文革初期，相繼罹患冠心病、心絞痛、關節炎等多種疾病。於此，華佗「人體欲得勞動，但不當使極耳，動搖則穀氣得消，血脈流通，病不得生。譬如戶樞，終不朽也」的遺訓，給予劉時榮先生「生命在於運動」的精湛啟示。於是他重操舊戈，練五禽戲和劍術。半年後病情緩解，生理得到改善，一年後竟獲全面康復。

在華佗給了他第二次生命的喜悅中，他深入反思，華佗繼承發展了民族優秀的文化，對中國醫學做出了神奇的貢獻。自己能不能使五禽戲更為發揚光大？於是有了將劍術的精華部分匯入五禽形意中去的構想。

劍，在我國古代是隨身佩帶的武器。劍術是武術器械練習之一。劍術練習的重要環節是：身與劍

合、劍與神合。劉時榮先生本此主要精神，通過反覆疏理、組合、仔細推敲和長期實踐，以撩、劈、托、架、削等 14 種劍法，融入五禽五勢之中，增加了五禽形意的發揮。劍與神合這一主要內涵的融入，使五禽之內心世界更加出神入化，剛柔相濟，意力並用，體用兼備，形與神合，而超脫內外兩界，得到氣質與身心的昇華。

　　《華佗五禽劍》是五禽戲衍生的又一個流派，自 1983 年以來從華佗故里到黃淮大地，在人們健身祛病的鍛鍊應用中，取得了廣泛而奇妙的效果，受到專家和各界人士高度的評價。

　　劉時榮先生現為亳州市武術協會委員，市老年大學體育教師，他的傳略已被收入《中國民間武術家名典》。

安徽省亳州華佗紀念館名譽館長　顏　語
一九九七年元月

目　　錄

編寫說明

東漢時期的著名醫學家華佗，在長期的從醫實踐中總結出了「運動可以防病除疾」的導引理論，提出了「防重於治」的主張。據《後漢書·華佗傳》載：佗語普曰：「人體欲得勞動，但不當使極耳，動搖則穀氣得消，血脈流通，病不得生。譬如戶樞，終不朽也，是以古之仙者為導引之事，熊經鴟顧，引挽腰體。動諸關節，以求難老。」

他根據中醫的陰陽五行，臟象、經絡、氣血運行的理論，觀察多種不同禽獸的的活動姿態和特性，選以虎、鹿、猿、熊、鳥為代表的形象動作，創編了五禽戲運動。千百年來凡演練者皆獲祛病、防病、健身長壽的奇特功效。因此在國內外廣為流傳，至今仍在繼承和發展。

近年來，全國各地相繼出現了不同流派五禽戲

，其中有側重練外功、動功的；有側重練內功、靜功的；有追求動作剛勁有力的；有主張柔和細膩的。在鍛鍊目的上有以養生保健為主，有以導引按摩為主，有側重技擊，有以舞蹈表演為主，可謂五花八門。各個流派雖具有不同的風格和特點，但無論各種流派的招式如何變化，始終都不偏離模擬五禽形態這條主線。尤其是華佗故鄉亳州人世代傳習的五禽戲比較完整地保留了傳統五禽戲風貌。

　　我自幼受當地鄉風民俗的薰陶，耳聞目睹五禽戲福澤鄉里，為民眾解除疾患的實例，由此對五禽戲產生了濃厚的興趣。近年來，我結合自己練習五禽戲的親身體會，深入民間挖掘五禽戲的歷史資料，廣泛搜集技藝精華，通過不斷研究、修改，在傳統五禽戲的基礎上創編了「華佗五禽劍」。

　　「華佗五禽劍」與傳統的「華佗五禽戲」相比較，有以下區別：

　　一、「五禽戲」中五禽的動作共分五段，每一禽的動作為一段，每段結束時動作中止片刻，再接下一段的動作。而「五禽劍」中五禽的動作連貫銜

接，中途不間斷。

二、「五禽劍」對五禽戲中五禽的形象、意識進行了拓寬處理，使之形意結合，動靜結合，內外結合，達到全身自然放鬆，有效地消除肌肉緊張，有利於氣血循經絡運行，充實並滋養全身骨骼和關節，尤其對肌體的新陳代謝、吐故納新能起到明顯的促進作用。

三、「五禽劍」完整地保留了五禽戲中內涵的養生、保健和體育意義，並增添了按摩和技擊方法，由於持劍時劍柄對手部的勞宮、合谷、大小魚際、內關等穴位反覆磨擦，可起到自動按摩的作用。

華佗五禽劍在華佗故鄉廣泛傳開之後，十多年來，凡參加演練者均獲得了身強體壯、防病抗病的健身效果。

現將五禽劍術勢及其基本醫理作用分述如下：

一、虎。虎體貌威嚴，性情凶猛。從形象上觀察：它神發於睛，威生於爪，氣勢凶猛，神威逼人。模擬其形象，實取其特性中之神氣，運用爪力搖首擺尾以鼓蕩周身動作。練功時要求外剛內柔，外

動內靜，練習得法，可疏導督脈，使真精化氣入泥丸宮而得長壽。並可祛風邪、壯筋骨。

二、鹿。鹿是陽性、壽長、性靈的良獸，鹿之所以能長壽，是由於其善運尾閭，而接通任督二脈之故。仿效鹿的形象練功，取其善運尾閭而達延壽之效。練功時用意引氣循經周旋。久練可填精益髓、抗禦衰老之效。

三、猿。猿機警靈活而好動。古人認為人的思想似猿猴，心猿意馬經常動亂不息。極易損傷精、氣、神三寶。《華嚴經》云：「菩提種子，心是人之靈明一竅。人心好動，出入無時，莫知其鄉，故名之為猿。」又《道經》云：「意馬栓住為立命。」練猿戲，外練肢體靈活，內抑情志的動盪。久之可收到思想寧靜、氣貫全身、體輕力壯、三元氣（精、氣、神）充滿豐滿之效。

四、熊。熊體笨力大，性情剛直。它內在氣力足，有外靜內動之說。借助熊的動作，取其內在的氣力。此氣是真陽之氣，因之研練熊式動作，重在內動而外靜，以達腦海虛靜，引意下降丹田，使意

氣相合，匯集貫穿三元，真氣穿關通腦指令四肢百脈通暢，氣血盛旺，可獲延年益壽之效。

五、鳥。鳥以鶴為代表。鶴靈敏、壽長，善於飛翔。模仿鶴的形象研練，取其天然之靈性，能舒通週身經絡，促進關節靈敏。真氣暢通三關（尾閭、夾脊、玉枕），奔入頂門（腦海），以呼吸往來（指丹田呼吸和體內行氣），使神（意）安靜，神靜則氣充，氣充則生精，精足則神旺，神旺而化氣。至此則三元（元精、元氣、元神）合一。即可取得身健體輕、延年益壽之功效。

《華佗五禽劍》共四十四式，除猿式、鳥式各十式外，其餘均為八式。套路圖解及動作的線路圖等均在文中詳解。

一、華佗五禽劍基本動作要求

（一）禽　型

1. 虎勢

虎宜勇猛剛威，不可畏怯懦弱（圖1）。

虎勢威猛獸中王，

外剛內柔柔中剛，

動如飆風靜似月，

竄山越澗神威強。

2. 鹿勢

鹿宜舒展大方，不可

拘泥緊張（圖2）。

鹿形舒展意輕鬆，

圖 1

逍遙自如草原中，
運轉尾閭頸反顧，
填精益髓有奇功。

3. 猿勢

猿宜機警靈敏，不可
遲鈍呆滯（圖3）。

猿性喜動動中靜，
攀援跳躍輕巧靈，
進退環視攻有防，
機智敏捷腦清醒。

圖2

圖3

4. 熊勢

熊宜憨厚沉穩，不可輕狂飄浮（圖4）。

熊體外拙內心靈，

憨厚沉穩真氣行，

側身撼搖膀扛靠，

氣貫四肢百脈通。

圖4

5. 鳥勢

鳥宜輕翔靜舞，不可重羽呆翅（圖5）。

鶴飛飄飄立如松，

自由高翔在雲層，

亮翅落雁獨立勢，

扶搖青雲氣和中。

圖5

(二)手　型

華佗五禽劍的手型，除在部分動作中採用虎爪、鹿角、猿勾手、熊掌外，一般多用劍指。

1. 劍指

中指與食指伸直併攏，其餘三指屈於手心，拇指壓在無名指及小指第一指節上（圖6）。

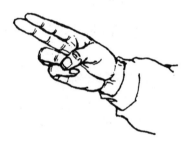

2. 虎爪

圖6

五指分開，指間餘隙約一指距離，五指的第一指節向內彎曲約 90°，第二指節力求伸直（圖 7）。

圖7

3. 鹿角

與劍指相同，其不同之處是鹿角劍指的指尖朝天直立（圖8）。

圖 8

4. 猿手

腕關節下垂約 90 度，五指併攏稍向內彎曲，五指末梢併攏捏在一起，拇指與食指、無名指、小指捏攏，中指壓在食指與無名指之間，呈勾手下垂狀（圖9）。

圖 9

5. 熊掌

五指併攏稍有間隙，均向內呈半月牙形彎曲（圖10）。

圖 10

(三)步 型

1. 弓步

前腿全腳著地，腳尖朝前，屈膝前弓，膝蓋不得超過腳尖，後腿自然伸直，腳尖斜向前方，兩腳全腳著地，橫向距離約 10～20 公分。

2. 馬步

兩腳左右開立，間距約為腳長的三倍，腳尖對正前方，屈膝半蹲，收腹斂臀，腰部正直。

3. 虎蹲步

一腳踏實，屈膝半蹲，另一腿前伸，腳尖外擺，內踝向前，兩腳全腳著地，前腳跟與後腳尖相對間距約 15～20 公分，上體保持正直。

4. 虛步

一腿屈膝下蹲，全腳著地，腳尖斜向外展 45

度。另一腿微屈，以腳前掌或腳跟虛點地面，左腳點地為左虛步，反之為右虛步。

5. 丁步

一腿屈膝半蹲，全腳著地，另一腿屈膝，以腳前掌或腳尖點於支撐腿之腳內側。左腳點地為左丁步，反之為右丁步。

6. 歇步

兩腿交叉屈膝半蹲，前腳腳尖外展，全腳著地；後腳腳尖朝前，膝蓋位於前腿外側，腳跟離地，臀部接近腳跟。

7. 獨立步

一腿自然直立，踏實站穩，另一腿在體前或體側屈膝提起，膝高於腰，小腿自然下垂。

8. 橫襠步

兩腳分開，腳尖外展 45 度，前腿屈膝前弓，

後腳自然伸直，兩腳間距約為腳長的三倍。

9. 仆步

一腿屈膝下蹲，膝與腳尖稍外展；另一腿自然
伸直，接近地面，腳尖內扣，兩腳著地。

(四)劍　法

持劍的方法可分為持劍和握劍兩類：

持劍：掌心貼附劍格，食指伸直按住劍柄。拇
指與其餘三指相合扣持劍柄，直腕，劍脊貼近前臂。

握劍：拇指為一側，其餘四指為另一側，握住
劍柄，虎口靠近劍格，運動時，五指要鬆握劍柄，
手心鬆空，以便利劍在手中靈活運轉。

現將華佗五禽劍主要運用的劍法簡略介紹如
下：

1. 點劍

立劍，提腕，使劍尖由上向前下點擊，臂自然
伸直，力達劍尖。

2. 崩劍

立劍，沉腕，使劍尖向上崩起，發力於腕，力達劍鋒。

3. 撩劍

立劍，由下向前上方為撩，前臂外旋，手心朝上，劍貼身弧形撩出，力達劍身前部為正撩劍；前臂內旋，手心反轉朝上，劍貼身弧形撩出，則為反撩劍。

4. 劈劍

立劍，自上向下為劈，力達劍身。掄劈劍時則須先將劍掄一立圓，再向前下劈。

5. 刺劍

立劍或平劍，向前直出為刺，力達劍尖，臂與劍成一直線。平刺劍高與肩平；上刺劍高與頭平；下刺劍高與膝平；探刺劍時，臂內旋使手心朝外，

經肩上側向前上方或前下方立劍刺出。

6. 攔劍

左攔劍：立劍，臂內旋，由左下向右前方斜出，腕高與頭平，劍尖朝左前下，力達劍刃。

右攔劍：劍由右下向左前方攔出。

7. 托劍

立劍，劍身平直，由下向上為托劍。手心朝裡，腕與頭平，力達劍身中部。

8. 絞劍

平劍，自胸前沿逆時針向前上劃圓一周，再收於胸前，手心朝上，劍尖朝前上，力達劍身前部。

9. 削劍

平劍，自一側下方經胸前向另側前上方斜出為削，手心斜向上，劍尖略高於頭。

10. 雲劍

平劍，在頭前方沿平圓環繞一周為雲劍。

11. 抹劍

平劍，從一側經前弧形向另一側抽回為抹，腕與胸平，劍尖朝側前方，力達劍身。

12. 截劍

劍身斜向上或斜向下為截，力達劍身前部，上截劍斜向上，下截劍斜向下，後截劍斜向右後下方。

13. 帶劍

平劍，由前向左或向右屈臂回抽為帶劍。腕高不過胸，劍尖斜朝前，力達劍身。

14. 架劍

立劍，橫向上為架。劍高過頭，力達劍身，手心向外。

二、華佗五禽劍

（一）動作名稱

第一組　虎勢

(一)虎守杏林

(二)虎醒出穴

(三)虎踞龍蟠

(四)虎視眈眈

(五)竄澗撲獵

(六)躍嶺登峰

(七)越野下山

(八)虎嘯回林

第二組　鹿勢

(九)觸角報警

(十)鹿車歸里

(十一)鹿鳴燕舞

(十二)轉項顧尾

(十三)梅花旋舞

(十四)鹿巾冠頂

(十五)引頸反顧

(十六)運轉尾閭

第三組　猿勢

(十七)攀藤戲竿

(十八)猿猴獻果

(十九)左顧右盼

(二十)摘桃獻禮

(二十一)攀援達願

(二十二)靈猴縮身　　　(三十四)黑熊反背

(二十三)回首降妖　　　**第五組　鳥勢**

(二十四)龍宮探寶　　　(三十五)大鵬展翅

(二十五)騰雲飛渡　　　(三十六)飛鴻戲海

(二十六)猿猴舒臂　　　(三十七)沉魚落雁

第四組　熊勢　　　(三十八)扶搖青雲

(二十七)熊經鴟顧　　　(三十九)紫燕穿柳

(二十八)覓食抖威　　　(四十)　金雞獨立

(二十九)回顧轍跡　　　(四十一)銀鶴亮翅

(三十)　側身撼搖　　　(四十二)宿鳥投林

(三十一)鷹熊鬥智　　　(四十三)孔雀開屏

(三十二)攀枝自懸　　　(四十四)鳳凰還巢

(三十三)白熊探爪

（二）動作圖解

預備勢

　　兩腳併攏，身體直立。兩臂自然下垂，微屈肘，腋間略有虛隙。左手持劍，劍身豎直貼靠在左臂

後面,劍尖朝上,手心朝後,右手握成劍指,手心朝後;目視前方。

(圖1)

意境:自行誘導入靜後,在意念的發展中,有將自身置於五禽所處之大自然環境中的感覺。如,練虎勢有自覺身在深山峻嶺中的意境;練鹿勢時有自覺身在草原曠野上之意境;練猿勢時有自覺身在

圖1

世外桃源之意境;練熊勢時有自覺身臨莽莽林海中之意境;練鳥勢時有自覺身在高空中飛翔之意境。意念深入勝境之後,自會心曠神怡、消除勞倦,對活躍機體的生理功能會起到很好的作用。

要點:頭頸自然豎直,集中精神,全身自然放鬆,消除雜念,呼吸自然,意守丹田,使之誘導入靜。

第一組　虎　勢

(一)虎守杏林

意境：虎呈半蹲式，悄然隱匿在茂密的杏林中，向左右窺探外界的動靜。

兩臂分經左右向上伸舉，經頭上方向前徐徐下落，重心移至右腿，左腿屈膝徐徐向前上提起。兩臂內旋，使劍柄朝下徐徐下栽，兩虎口相對落至腹前，劍指朝下。同時左腳腳尖著地成左虛步，右腿略彎曲，上體正直，然後

圖 2

以頸為軸，扭頭轉項向左後方環視，再轉回向右後方環視，後轉朝正前方。（圖 2～8）

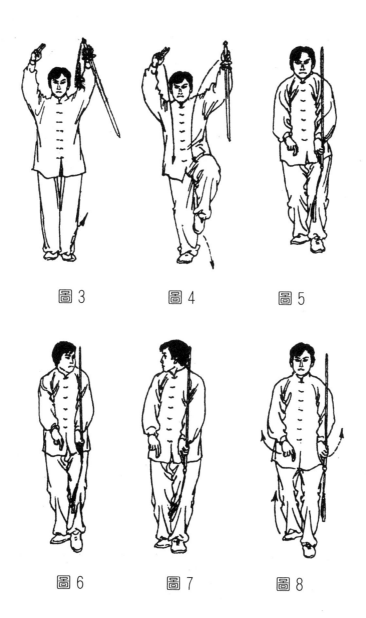

圖 3　　　　圖 4　　　　圖 5

圖 6　　　　圖 7　　　　圖 8

要點：動作時要有身置杏林之意境，意守命門穴，命門屬精血之海，元氣之根，意守此穴有壯筋強骨、通經活絡之效。

整個動作要緩慢柔和，兩臂上舉、下落要走圓弧，雙臂的動作要與左腿的起落協調一致，劍柄下栽要與左腳尖著地同時完成。

(二)虎醒出穴

意境：睡虎初醒，懶腰頻伸，緩步出洞，其意態悠閒而舒展。

1.重心移至左腿踏實，雙臂略向上抬，經胸前分向兩側，略向後、向上、再向前下劃圓弧停至兩髖側。同時右腳提起向前橫步邁出，腳尖外撇，內踝朝前成「虎蹲步」。右劍指變虎爪，兩臂同時向前上伸至肩平，手心朝前，劍柄朝上，左腿略屈，兩腳踏實。目視前方。（圖9、10）

2.上動不停，雙手落至髖兩側，手心朝下，劍尖朝後，劍身平直。然後左腳提起向前橫步邁出，內踝側朝前。同時兩臂屈肘，雙手提至腰兩側再徐

徐向前上推出至
肩平，手心朝前
，劍尖朝地。兩
腳踏實成虎蹲步
。目視前方。
（圖 11、12）

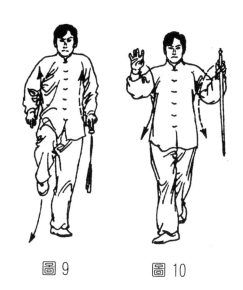

圖 9　　　　圖 10

圖 11

圖 12

3.上動不停，雙手落至髖兩側，手心朝下，劍尖朝後，劍身平直。左腳踏實，右腿屈膝上提，隨後向前邁出，內踝側朝前。同時兩臂屈肘，兩手落經腰兩側徐徐向前上方推出，手與肩平，兩手心朝前，劍尖朝地，兩腳踏實成虎蹲步。目視前方。（圖13、14）

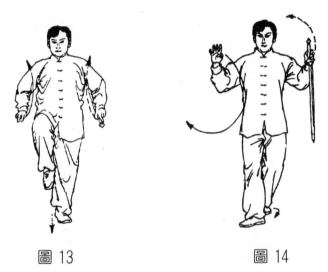

圖 13　　　　　　　　圖 14

要點：肩關節、髖關節恰似機器中的曲軸在不停的回環旋轉，以增強上下肢各關節骨骼的活力，並疏通經絡、強壯筋骨、發達肌肉、滑利關節、活躍生理機能。

　　兩臂的起落要與邁步、撇腳同時、同步、協調連貫地進行，上行下隨緊密配合。動作緩慢而緊湊。

(三)虎踞龍蟠

　　意境：模仿龍的旋舞和虎的起伏踞蹲。

　　1.以右腳掌為軸向右轉體 90 度，同時左手持劍先向上再向右下繞圓形隨身體下蹲成歇步下落至右胸前，立劍，劍尖朝前，手心朝外，同時右虎爪變劍指下落經右向上劃弧至額右上方。目光隨轉體先向右再向左巡視，最後注視劍尖。(圖 15、16)

圖 15

　　2.兩腳以右腳跟、左腳掌為軸向左後轉體並起身，同時左手持劍隨轉體向左劃弧繞至背後，劍尖

朝左上方，手心向外，同時右劍指隨轉體經後下向
前上擺至右額前上方，手心朝外，劍指朝左，頭向
左後轉。目視左後方。（圖17）

圖16　　　　　　　　　圖17

　　要點：上體左轉、兩腿成交叉步，要與兩手的
劃圓協調一致，動作要靈活自然。

（四）虎視眈眈

　　意境：當虎窺探到獵物出現的瞬間，雙目炯炯

，呈現即將撲獵的架勢。

1.右腳向前邁出成右弓步。左臂伸直，劍與肩平，手心朝下，然後以左腕為軸使劍在頭上方沿逆時針平旋一周後落向右腹前，同時右劍指向右前方劃圓下落至腰右側接劍，平劍，劍尖朝前，略低於劍柄。（圖18～22）

圖18

圖19

圖20

圖 21

圖 22

2.重心移至右腿，上體前傾，左腿後抬，成獨立平衡式。左手變虎爪，收經左胯側，在右手持劍刺出的同時向前推出。雙目直向前強視。（圖23）

圖 23

要點：左手持劍旋抹時，手腕要靈活敏捷，右腿直立站穩，雙目向前強視，要顯示出神威。

（五）竄澗撲獵

意境：模仿猛虎閃電般地竄越山澗和迅猛撲食的形象。

1.左腿落向右腳內側
成左丁步，同時兩手收至
胯兩側。隨即左腳立即向
前邁出一步踏實，右腳緊
跟至左腳內側成右丁步。
此刻，右手持劍與左虎爪
同時直向前下方刺出、推
出，平劍，劍尖和左手心
皆朝前下方。眼看劍尖。(圖24、25)

圖24

圖25

2.上式不停，兩手收回胯兩側，身體右轉，隨即右腳向前上步，左腳向前跟至右腳內側成左丁步。同時，右手持劍向右斜前下方刺出，左虎爪同時向前下推出，手心朝前下方。目視劍尖。（圖 26、27）

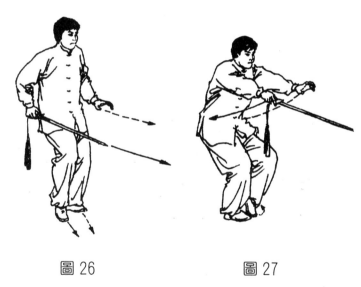

圖 26　　　　　　　　　圖 27

3.上體略向左轉，左腳向左前方邁出，右腳隨即跟至左腳內側成右丁步，同時兩手收至胯兩側，再向左前下方刺劍、推虎爪。劍尖與左手心朝前下方。雙目注視劍尖。（圖 28、29）

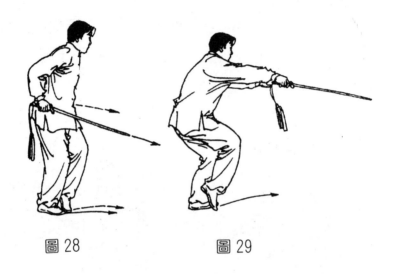

圖 28   圖 29

　　要點：兩腿向左右前方邁出時，動作既要猛勇，又要輕靈。上體要保持正直，尾閭端正，防止弓腰突臀；雙臂同時向前下刺、推出時，要與腳的邁出配合一致，目要注視劍尖前方，以上左右式動作連接起來呈Ｚ字形路線。

(六)躍嶺登峰

　　意境：模仿老虎穿越陡壁、躍嶺登峰的姿態。

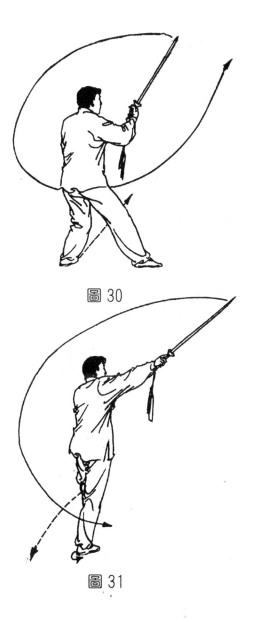

圖 30

圖 31

　　右腳向前一步，同時以劍尖領先，向上、向左後、向下劃圓，再反撩至右前上方，劍柄略高於頭，手心翻朝右後方。同時右腳踏實，左腿順勢屈膝上提，腳尖朝下，左虎爪變劍指，向上劃圓至左肩下，劍指直指劍尖，成一條斜直線。目視劍尖。（圖30、31）

　　要點：右腳上步與撩劍同時進行，步調一致，右獨立步要保持重心平衡。

(七)越野下山

圖 32

意境：虎從高山峻嶺上奔馳而下。

左腿向左後撤步，左腳尖外撇，同時上體向左後轉，右手持劍隨轉體劃圓向左下落，再向上、向前掄劈，同時右腳踏實，左腳尖轉朝前，成虛步，左劍指翻轉從腋下向後、向左上抬至左額上方。手心朝前，劍指向右。目視劍尖。（圖32、33）

要點：撤步、掄劈、轉體要同時進行，配合得當。

圖33

（八）虎嘯回林

意境：虎咆哮著返回密林。

1.上體微向右轉，劍隨右手內旋劃弧上提至右肩前，左劍指提附在右腕內側。

圖34

2.隨身體左轉，右腳跟抬起，左腳尖外撇。以

圖35

劍尖領先經左膝外側向後掛劍，再向上、向前掄劈
；同時右腿屈膝上提，左劍指向後上劃圓置於左額
上方，劍指朝前。目視前方。（圖34～36）

圖36

要點：向前掄劈劍與右腿提膝要同時進行。

第二組　鹿勢

（九）觸角報警

意境：鹿在莽莽草原上仰首豎角，警覺地環視

四周。

右腳向前落步，腳尖稍外擺。以劍尖領先劃弧下落至胯後側，隨即向上崩直，劍尖朝上，上體隨劍走向右後轉，同時左劍指向左下劃弧，指尖朝上，手心朝外。目視劍尖。（圖37）

圖 37

要點：劍尖與劍指分別運行時要上行下隨，同時、同步，協調一致，柔和自然。

(十)鹿車歸里

意境：鹿拉著車一路坦途回歸故里。在周而復始地掄掛劍中體現車輪滾滾之寓意，促使氣血周流不息。

1.左腳向前邁一步，同時右手持劍，隨身體轉動，以劍尖領先向前、向左下經左膝外側穿向身後

，左劍指扶持右腕內側，兩手心朝下。目視劍尖。
（圖 38、39）

圖 38　　　　　　　圖 39

2.身體右轉，右腳向前邁一步。右手持劍使劍
尖繼續經後向上、向前劃弧下落；左劍指隨右腕移
動。目視劍尖。（圖 40）

3.身體繼續右轉，右手持劍繼續下落，劍尖貼
近右胯向後穿掛，隨後劍身自然豎直。左劍指向左
前上方伸展。目視劍尖。（圖 41）

以上自圖 38 至圖 41 的動作連續做三次。

圖 40

圖 41   圖 42

4.左腳向前上一步，右手持劍上舉成架劍；左劍指略下沉，置於劍尖下方。目視劍尖。（圖42）

要點：以劍尖領先向前掄劍要走圓形，姿勢柔和自然，同時左右腿向前上步時要求上下相隨，協調一致，配合得當。

(十一)鹿鳴燕舞

意境：如置身於鹿群之中，鹿在草原上引吭高歌，鳥兒在一旁振翅伴舞。

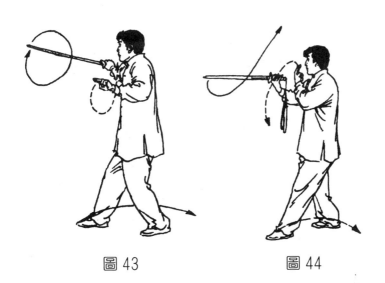

圖43　　　　　圖44

1.兩前臂內旋，左劍指和劍同時向兩側舒展；左腿隨之向後退一步；旋即隨兩前臂外旋，右手持劍由右經下向前劃圓撩起，同時左劍指繼續向裡劃圓，經腹前與右手交叉相合，右腿順勢向後退一步。（圖43、44）

2.兩腿交替向後退步；兩手重複上述開合動作。（圖45～47）

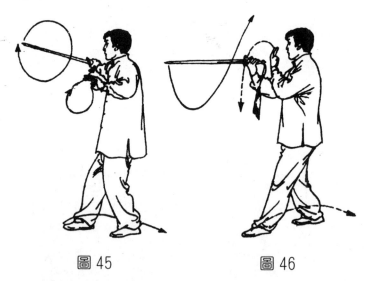

圖45　　　　　　　　圖46

要點：兩臂舒展時，右手持劍以劍柄領先外展；兩手相合時，右手持劍以劍刃領先劃圓前撩。以兩肩關節為軸劃圓，雙臂開三次，合兩次；左腳退

三步，右腳退兩步。要求上行下隨，協調配合，速度均勻，動作連貫。

圖 47

(十二)轉項顧尾

意境：鹿伸頸、挺身、提足遙望遠方。意守尾閭，接通任督兩脈。以收舒筋健骨之效。

右腳向後撤一步，左腳尖外撇，兩臂下落沿弧形路線相合；然後右腿屈膝上提，腳心貼護左膝內側，腳尖朝下，同時右手持劍收經左胸前繞至右額前以劍柄領先向右腿外側下栽，劍尖朝上，手心朝

裡。同時左劍指經體側翻轉向上，停於左額外上方
，手心朝外，劍指朝上；目視劍尖方向。（圖 48、
49）

圖 48　　　　　　　　圖 49

要點：左腳五趾抓地
站穩，上體略偏左成獨立
步，右手握劍直向下沈。

（十三）梅花旋舞

意境：遼闊的草原上
，梅花鹿在旋轉起舞。用
以疏導內氣暢行，求達通

圖 50

經活絡之效。

1.右腳向左前方蓋步下落，同時右手持劍內旋，使劍身橫置，高與胸平，遂以劍尖領先，以兩腳掌為軸，向左後轉體 270 度，劍隨身轉呈環形平抹。（圖 50）

2.右腿屈膝提起，隨即向前方蓋步成交叉步；左劍指護右腕，至劍尖運行到胯左後側時，再隨身體右轉，右腕外旋，以劍尖領先經左向前、向右上方劃弧成立劍，劍柄與胯平，手心朝前，同時左劍

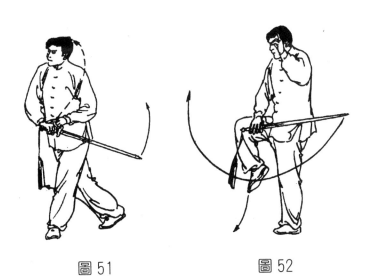

圖 51　　　　　　　圖 52

指沿圓形向上豎起，指尖朝上，手心朝前；目視右
劍尖。（圖51～54）

圖53　　　　　　圖54

要點：以劍尖領先，平行雲抹要柔和圓滑，定
式時雙臂肘要圓展得勻稱、協調。

（十四）鹿巾冠頂

意境：兩臂隨勢斜向上屈伸，模仿鹿角斜觸搏
鬥狀。體現鹿外柔內剛的特點，求達剛柔互濟，以
促進機體的代謝平衡。

1.右腿伸直，隨即左腿屈膝提起，上體略向左傾，左腳隨之向左前方上步成左弓步；右手持劍收經胸前向左上方刺出，同時左劍指向左上方伸出，兩臂距離同肩寬，手心向下，劍指朝左上方；目視劍尖。

圖55

（圖55、56）

2.以左腳跟、右腳掌為軸，身體左轉成交叉步；同時以劍尖領先經下向左再向上劃圓於身體右側直立，劍尖朝上；同時左劍指下落向左向上劃弧伸舉，指尖朝上，手心朝外；目視劍尖。（圖57）

3.重心移向右腳，左腿屈膝上提，隨即左腳向左前方下落成左弓步，右手持劍和左劍指同時收經胸前再向左上方伸刺，上體略左傾；目視劍尖。

（圖58、59）

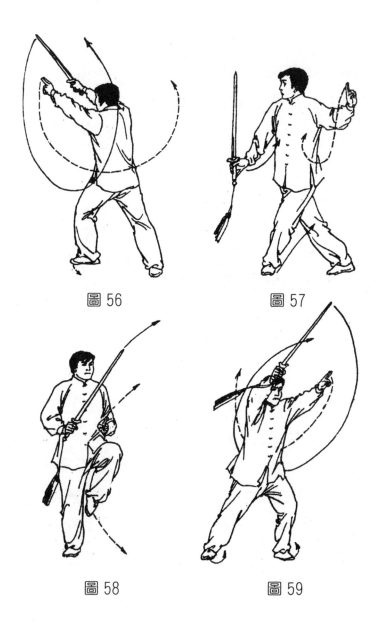

圖 56

圖 57

圖 58

圖 59

要點：雙臂向左上伸刺要同時進行，高低和角度均應一致，並與左腿的起落配合協調。

(十五)引頸反顧

意境：模仿鹿引頸反顧的動作，引氣上行沿小周天循環。

以左腳跟和右腳掌為軸，身體左轉成交叉步；同時右手持劍以劍尖領先，隨左轉體向左、向上、向右劃弧，側立於右臂外側，劍尖朝上，同時左劍指下落繞至身體左側上挑，劍指朝上；目視劍尖。（圖60）

圖60

要點：向左轉體與右劍向左劃圓要同步進行，轉體要靈活，動作要舒展。

（十六）運轉尾閭

意境：鹿伸縮頸角，運轉尾閭，行氣接通督脈三關，以得到強筋固腎，填精益髓的作用。

圖61

1.右腳收至左腳內側成右丁步；同時右手持劍落平抽回右腰前，劍尖朝前，同時左劍指向左劃圓下落至腰左側，劍指指向劍柄；目視劍尖前方。（圖61）

2.右腳向前上步成右弓步，同時右手持劍向前

平直刺出，劍身與肩平，同時左劍指舉至左額上方
，指尖朝右，手心朝外；目視劍尖前方。（圖62）

圖62

3.左腿屈膝全蹲，右腿順勢前伸成仆步；右手
持劍隨勢收至身前，劍尖朝上，劍柄接近地面，左
劍指指向右上側；目視劍尖。（圖63）

要點：右腿上步成弓步要與右劍前刺同時進行
，仆步時尾閭要端正。切勿突臀。

圖 63

第三組　猿　勢

(十七)攀藤戲竿

意境：模擬猿猴攀藤爬竿之狀，立劍上刺寓意竿之直豎。

徐徐起身，右腳踏實，左腿屈膝上提，右手持劍向上直刺，劍尖朝上，劍柄位於前上方，左劍指手心朝裡指向劍柄；頭稍仰，目視劍尖。(圖64)

圖64

要點：持劍上刺要保持上體正直。

(十八)猿猴獻果

意境：摘桃獻果，童心猶在，無憂無慮，自在逍遙。

1.左腳前掌落地成左虛步；劍尖隨之向左下落

，上體後仰，劍從左經面前向右沿順時針軌跡雲抹
，兩臂左右分開，劍身繼續沿順時針劃圓，雙臂向
前上劃弧相合於胸前，立劍，劍尖朝前，劍身平直
，左劍指附在劍首後，手心轉朝外，劍指朝上。（
圖65～67）

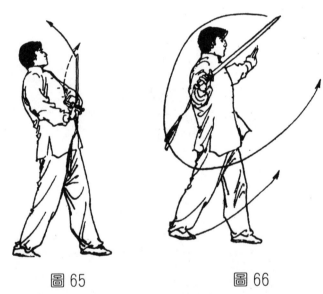

圖65　　　　　　　　圖66

2.右腳向左腿前蓋步，兩腿交叉下蹲，成歇步
；劍身順下蹲之勢平穩下落，劍身與肩同高，劍尖
朝前；目視劍尖前方。（圖68）

　　要點：雲抹劍時，上體要柔和自然地後仰，雙

臂的開合要與下肢的上提、下蹲協調配合。

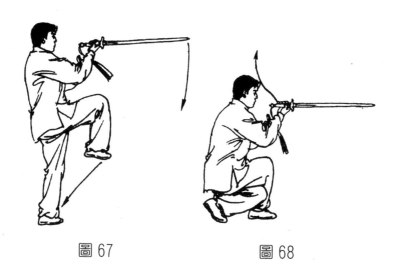

圖67   圖68

(十九)左顧右盼

意境：置身於世外桃源中左顧右盼，隨心所欲地縱情歡跳、玩耍。

1.兩腿起立，右手持劍，以劍柄領先，使劍向上、向左後方劃圓繞轉（圖 69）。右腿屈膝提起，左腳順勢蹬地向右後轉體旋跳 180 度，左腳隨跳步落至右腳內側，腳尖點地，雙膝屈蹲成丁步；同時劍隨身轉提至齊肩再下落至胸前，立劍，劍尖向左

；頭向右轉，眼向右看。（圖 70～72）

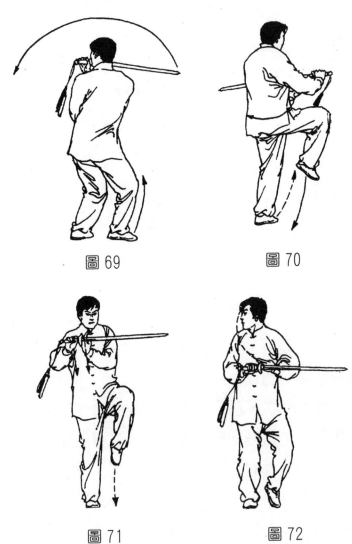

圖 69

圖 70

圖 71

圖 72

2.左劍指向右、向上劃圓經面前轉至右眉旁,手心及劍指均向左;頭向左轉,目視左方。(圖73)

圖73

3.左劍指經下向前繞擺,右手持劍經下向右、向上、向前下繞圓穿掛;同時左腳尖外擺向前上步,右腿屈膝上抬,左腳蹬地跳地,身體向左後轉180度,左腳落至右腳內側,腳尖點地,雙膝屈蹲,同時以劍尖領先經下向左劃弧穿掛置於胸前,立劍,劍尖朝左,手心朝外;頭向右轉,眼

圖74

看右側。(圖 74～76)

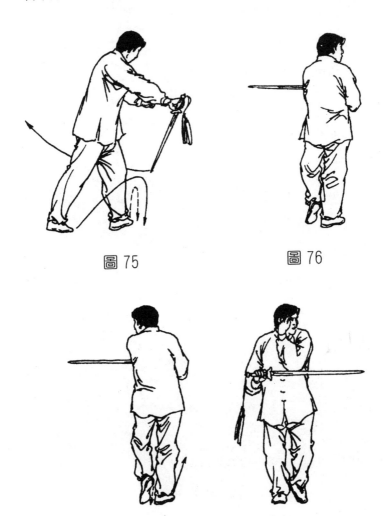

圖 75

圖 76

圖 77

4.左劍指向上、向左、向下劃圓再翻轉向右、向上繞至右眉旁,手心、劍指均朝左;頭向左轉,目視左方。(圖77)

5.以劍尖領先向上、向右劃弧,同時右腳蹬地,身體向右後方跳轉180度,左腳落至右腳內側,腳尖點地,雙膝屈蹲,成左丁步;同時右手持劍落至胸前上方,立劍,劍尖朝左;頭向右轉,眼看右方。(圖78~80)

圖 78   圖 79

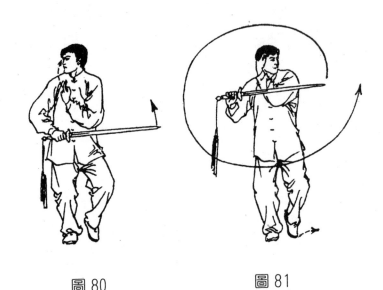

圖 80　　　　　　　圖 81

6.左劍指向上、向右繞至右眉旁，劍指、手心均朝左；頭向左轉，目視左方。(圖 81)

要點：⑴蹬跳轉體時要輕巧靈活，與走劍同步協調一致；⑵丁步與屈蹲要連貫一致；⑶在左顧右盼轉項時，眼神要靈活機警，顧盼傳神。

(二十)摘桃獻禮

意境：猿性喜動，動中有靜，外動是練肢體靈活，內靜則練神意的寧靜，動靜結合，可收心平氣

和之效。

1.身體左轉
，左腳向前上步
，右手持劍由右
後經下向前上撩
至胸前，同時右
腳略向前跟步，
腳跟抬起。
（圖82）

圖82

2.右腿屈膝
上提，左腳蹬地
跳起，同時右手
持劍在身體右側
向後撩劍一周，
右腳、左腳相繼
下落成左虛步，
同時右劍落至臍
平、立劍，劍尖
低於劍柄。同時

圖83

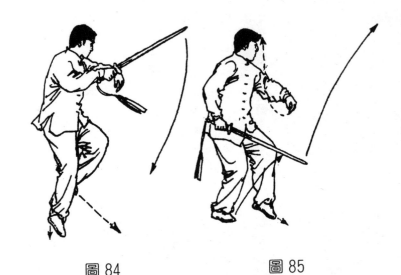

圖 84   圖 85

左劍指向左劃圓變為勾手，手指朝下，上體稍前俯
；目視前方。(圖 83～85)

　　要點：雙腿蹬跳要輕鬆敏捷，並與正反撩劍協
調配合。

(二十一)攀援達願

　　意境：猴攀樹摘果如願以償。

　　左腳向前方跨邁一步，右腿屈膝上提；同時右
手持劍順勢向前上方斜刺，左勾手變劍指護右腕再
向上抬停在左眉旁；目視劍尖前上方。(圖 86)

圖 86

要點：跨步與提腿要敏捷輕巧，機靈活潑，與上刺劍協調一致。

（二十二）靈猴縮身

意境：突遇外界干擾，靈猴警覺的跳退縮身觀察。可收耳聰目明、身靈步活之效。

圖87   圖88

1.右腳向後跳步，左腳蹬地跳起並隨即插落在右膝後方，兩腿下蹲成歇步；右手持劍快速抽至胸前，劍尖斜向上，上體稍偏右，頭轉朝左上方，左劍指向下、向右、向上劃圓至右眉旁，手心翻轉朝裡；目視劍尖左上方。（圖87、88）

2.稍定神，左劍指下移到右頜旁，手心朝上，劍指伸開，屈指由下向上撓三下，按摩頰車穴；目視劍尖上方。（圖89）

圖 89

要點：動作要快速敏捷，以右腳右跳帶動左腳迅速下蹲，並與機警的側身斜上視動作連貫一致。

(二十三)回首降妖

意境：急速回身後劈獵物。

身體立起，右腿向右後方撤步，左腿向右腿後插步，身體右轉，右手持劍上提，經上向右掄劈，劍尖斜向右下方，左劍指從左側劃圓上提至左眉旁，手心朝下，指尖朝向劍尖；目視劍尖。（圖 90、91）

要點：上體向右後擰腰要輕鬆柔和，掄劍下劈

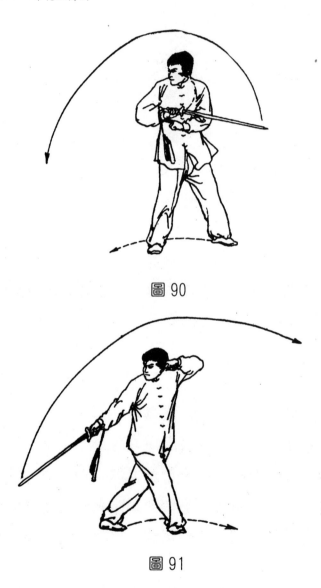

圖 90

圖 91

與左劍指劃圓要協調一致。

（二十四）龍宮探寶

意境：翻江倒海探尋寶物。

左腳向前上步，隨上體左轉，以劍尖領先，從後經上向前劃圓繞轉，上體隨之左轉，右劍繼續經左下向後劃圓，右腿向前上步踏實。右手持劍繼續經上向前下劈，左腿屈膝提起，同時左劍指經左向上劃圓落在左眉旁，手心朝下；目視劍尖下方。（圖 92～95）

圖 92

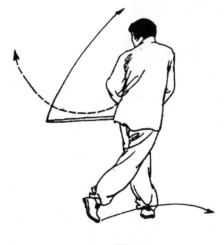

圖 93

圖 94

圖95

要點：轉體要敏捷、柔和，與劍的運行同步。劈劍時上體稍右傾，不可突臀。

（二十五）騰雲飛渡

意境：騰雲駕霧飛翔在空中，盡情欣賞大自然美景。

左腿向左落步，腳尖外撇，身體隨之左轉成左弓步；右手持劍在身體右側沿逆時針繞圓一周，劍身斜立，停在身體右後方，劍尖朝上，手心朝下，同時右腿向前上步，左腿向後上舉，腳心朝上，左劍指在左側沿逆時針劃圓經面前翻轉停在右眉上方

，手心朝左；頭略上仰，目視前上方。（圖 96～99
）

圖 96

圖 97

圖 98

圖 98(附)

圖99

要點：兩腿分別向前上步要與劍的繞圓同步、協調地進行。左腿後抬時，右腿站穩，上體前傾，頭部上仰，目視前上遠方。

（二十六）猿猴舒臂

意境：舒適安逸地嬉戲玩耍，外動而內靜，在舒鬆臂膀中消除疲勞。

左腿向前下落，腳尖外擺，成交叉步；左劍指向左下方劃圓落向左側背後，同時右手持劍上提，以劍尖領先隨上體左轉內旋經右側背後向左斜上方

穿刺，劍柄與左手在背後會合交劍，右腳向前邁一步成右弓步；右手變劍指向前、向上附在右眉右上方，上體略向左轉；目視左後下方。(圖 100、101)

圖 100　　　　　　　圖 101

　要點：在左腿上步的同時，上體自然向左擰轉，兩手交接劍時，劍尖斜向左上方。

第四組　熊　勢

（二十七）熊經鴟顧

意境：熊一步三晃地向前行走，邊走邊舒展四肢。

1.左腳略向斜前方上步，與右腳平行，兩腳尖內扣成內八字步，兩腳相距約40公分，雙膝屈蹲，同時兩臂向前屈肘成圓形平舉齊肩，左手持劍貼於肘下平劍，劍尖向左後方。目向前平視。（圖102）

2.兩手以肩關節為軸，兩腿以胯關節為軸，帶

圖102

圖103

動全身由左向右劃小圈搖
轉三圈。(圖103、104)

3.接上動,右腳向右
前方斜進一步,腳尖略內
扣,肩、胯隨之晃動三圈
;左腳斜向右扣腳進一步
,肩、胯隨之晃動三圈;
右腳再向右前方斜進一步
,腳尖略內扣,肩、胯隨之晃動三圈。
(圖102~105)

圖104

圖105

要點：行走時雙腳內扣成內八字步，雙膝半蹲襠要圓，雙臂內收要圓屈似摟樹狀，走步與晃身要協調一致。

（二十八）覓食抖威

意境：飢餓的熊見到獵物後迅速抖威取食。

兩手在胸前相合，左手持劍交到右手，右手接劍立即經上向前劈出，同時重心右移，右腳站穩，左腿在右劈劍同時向後抬伸，左手變劍指向左劃圓至頭左上方，手心朝外，劍指朝右，立劍，劍身與

圖 106

肩平，力注劍刃，目視劍尖前方。（圖106）

　　要點：劈劍與後抬腿同時進行。右獨立步要站穩。

（二十九）回顧轍跡

圖107

　　意境：回首看看自己走過的腳印。

　　左腳落地成馬步，右手持劍經上向左架置於額前上方，左劍指向左上舉，手心朝前，指尖朝上，附於劍尖下方；目視左方。（圖107）

　　要點：兩肘向外圓展成半圓形。

（三十）側身撼搖

　　意境：熊飽餐後，以撼運抗靠之戲激發自身精氣神的旺盛，有強筋健骨、填精益氣之功效。

1.右手持劍以劍尖領先向上、向右、向下劃圓再向右上方抽提，劍尖置於左胯前。（圖108）

2.左腳提起向右腳內側擊碰，右腿隨之跳起提膝，隨後向右橫落步，重心偏於右腿成右橫襠步；在擊步的同時，右手持劍，以劍柄領先外旋再向內

圖 108

圖 109

圖 110

劃一小圈至胸前再內旋上提，同時左劍指先向左劃小圓再向右上方運行與劍柄在胸前會合，劍指指向左下方；目視劍尖下方。（圖108～110）

要點：兩臂相合劃圓要與左腳擊碰右腳同步進行，上體略偏右，在左腳撞擊右腳時有撼搖之勢。

(三十一)鷹熊鬥智

意境：展臂獨立猶如雄鷹飛旋天空；歇步抱劍形似大熊蹲踞，注視著雄鷹在上空的變化；起身刺劍有鷹熊相鬥之勢。

1.重心移至右腿，左腿屈膝提起，右手持劍柄盡量向右上方伸展上提，左劍指仍指向左斜下方；目視左斜下方。（圖111）

2.左腿向右前方蓋步，兩腿屈膝下蹲成歇步；同時右手持劍，以劍尖領先向左下劃弧轉向右上方穿掛，劍身斜立於胸前，劍尖斜向右上方，劍指附在右腕旁；舉目審視右上方。（圖112）

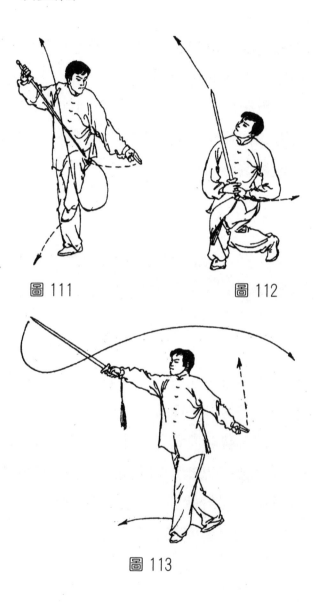

圖 111

圖 112

圖 113

3.兩腿直起成交叉步，右手持劍向右上方斜刺，左劍指指向左下方，手心朝前，與右劍成一條斜線；目視劍尖上方。（圖113）

要點：該式由三個分解動作組合而成，要求前後銜接得連貫而協調；外形要威猛，意境則要求含蓄而沉穩。

（三十二）攀枝自懸

意境：大熊攀藤懸垂，形體雖笨拙，但頗有運用內在氣力的靈性。

右腳向右上步，與左腳成開立步，兩腳略寬於肩，右手持劍向左上方繞圓，立劍橫於額前上方，力注劍身，手心朝前；同時左劍指向左後劃弧上舉至劍尖下方，手心朝前，雙腳跟提起；目視前上方

圖114

。(圖114)

要點：雙臂上舉時，全身要盡量向上伸拔，使各關節、韌帶、筋骨完全舒展。

【註】：高血壓病患者不要用力過猛。

(三十三)白熊探爪

意境：以搖首擺尾之勢，行推出拔木之勇。

1. 右腳向左蓋步，右手持劍向右下劈，同時上體向左擰轉，左劍指落於右腋前，劍指朝劍尖，手心朝裡；目視右後方。(圖115)

圖 115

2.以兩腳前掌為軸，向左轉體 90 度，上體後仰，右手持劍，劍尖領先由下向前、向左上經胸前貼近鼻梁向右雲抹，兩手位於腹部兩側。目平視前方。（圖 116）

3.以左腳掌、右腳跟為軸，身體繼續向左後轉。右腳向左腳內側靠攏，腳尖著地成右丁步；劍身直立，兩手心朝前；目平視前方。（圖 117）

要點：向左轉體要與雲抹劍同時進行，動作要圓滑、連貫、步調一致。

圖 116　　　　　　　　圖 117

（三十四）黑熊反背

意境：黑熊反背扛靠，蓄力發勁。

1.右臂與右腿蓄勁，左腳蹬地，右腳貼地向右前方滑出半步，兩腿屈膝半蹲成馬步；同時右手持劍向右前方立劍推出，腕同腰高，劍尖朝上，力注劍身前刃；同時

圖 118

左劍指向左推出，手心朝外，劍指朝前；目視右方。（圖118）

2.左腳尖外撇，右腳隨之向左腳內側震腳併步，右手持劍隨之向前平穿，左劍指同時隨護右腕旁，劍尖朝前；目視劍尖前方。（圖119）

要點：此勢是蓄力發勁動作，滑步推劍時要沉胯、墜肘，力達劍身。同時還要求周身上下動作一致。

圖 119

第五組　鳥　勢

(三十五)大鵬展翅

意境：大鵬展翅，任意翱翔於長空。

1.重心左移，左腳屈膝，右腳跟提起成丁步，右手持劍向左下削落，左劍指收向右胸前，隨即右手翻腕返向右上撩，劍柄高於頭頂，同時右腳向右前方上一步，左劍指向左下方伸屈，指尖朝左下，

與劍成一條斜線，手心朝前；目視劍尖上方。（圖
120、121）

2.身體左轉，右手
持劍向左下方劃弧斜
落，同時右腳收回左
腳內側成右丁步；左
劍指擺至胸前，雙手
手心相對，劍指朝右
上方；目視左方。（圖
122）

3.身體右轉，右手
持劍經下再向斜上方

圖 120

撩起，劍尖斜朝上，劍柄高於頭頂，同時右腳隨撩
劍向右前方邁出一步，成右弓步；左劍指下落指向
左下方，手心朝前，與劍成一條斜線；目視劍尖上
方。（圖 123）

要點：向右上撩劍與轉身邁步要同時進行，轉
換動作要輕柔瀟灑。

圖 121

圖 122

圖 123

(三十六)飛鴻戲海

意境：置身於遼闊的海洋上，與鴻雁為伴戲耍起舞，運用丹田逆式呼吸結合體內氣行，帶動神意上下起伏升降，漸使神靜而氣充，氣充而生精，精足而化氣，達到三元（即精、氣、神）合一，使體健身輕、延年益壽。

1.以雙腳前掌為軸，身體左轉，右腳向前上步，右手持劍同時向下、向左橫掃，左劍指附於右腕旁；目視右方。（圖 124）

圖 124

2.左腿向右腿後插步，劍尖由上向右劃圓隨即平劍下壓；左劍指向左上方伸展，手心朝上，左臂與劍成一條斜線；目視劍尖。（圖 125）

3.右手持劍向上挑起，劍柄高於頭頂，同時左劍指向下沉落，與劍仍成一條斜線；隨後劍身相繼下壓，左劍指同時相應上舉；目視劍尖。（圖 126、127）

要點：右腳上步和左腳插步，要與劍和劍指的動作同時、同步地協調進行，兩臂上挑下壓要均衡

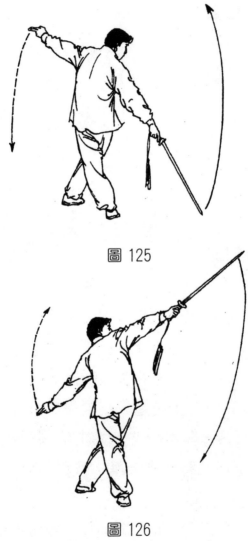

圖 125

圖 126

圖 127

一致，始終保持呈一條線，動作輕靈柔和，起伏自然，上下一體。

(三十七)沉魚落雁

意境：身在雁群中，振翅飛翔，以鼓蕩氣息納入丹田，使意、氣、神相合，以壯腰固腎。

1.右腳橫向右上步，同時右手持劍向左上撩至胸前，劍尖朝左；左劍指經上劃弧落至胸前，指尖朝右；目視劍尖前方。（圖128）

圖 128

圖 129

2.右手持劍經上向右下劈，同時左腿向右腿後插步下蹲成歇步，左劍指向左上劃圓至頭左上方，手心朝外，指尖朝右；目視右方。（圖 129）

要點：插步與右劍劃圓要同時，下蹲與劈劍要同步，上體保持正直，臂和劍要平直。

（三十八）扶搖青雲

意境：似大鵬展翅扶搖直上飛入雲霄，心胸開闊，氣息順達。

1.兩腿起立，以雙腳掌為軸，身體向左後轉 135 度，同時右手持劍，以劍尖領先經下向右斜上方撩起；同時左劍指向左後下方劃弧，與劍對稱成一斜線，右腳尖點地成右虛步。（圖 130）

2.右腳、左腳相繼向前上步，重心前移，同時右手持劍向斜前上方沿逆時針絞劍，左劍指斜向下，手心朝外；目視劍尖上方。（圖 131）

圖 130

圖 131

3.右腳向前上步成右弓步，右手持劍繼續向前絞劍後向前上刺出。目視劍尖上方。（圖 132）

4.以左腳掌、右腳跟為軸，身體向左後轉，同時隨轉身，右手持劍以劍尖領先經下向右上方穿刺，左劍指外旋至左後下方與劍成一條斜線，同時右腳向前上步成右虛步。（圖 133）

5.右腳、左腳相繼向前上步，重心前移，同時右手持劍沿逆時針向斜前上方絞劍，左劍指不變；目視劍尖上方。（圖 134）

6.右腳向前上步成右弓步，同時右手持劍繼續向前斜上絞劍後上刺，左劍指不變；目視劍尖上方。（圖 135）

要點：上步絞劍動作要輕靈平穩，協調一致。不可忽高忽低，絞劍動作始終沿逆時針、呈螺旋形運行。

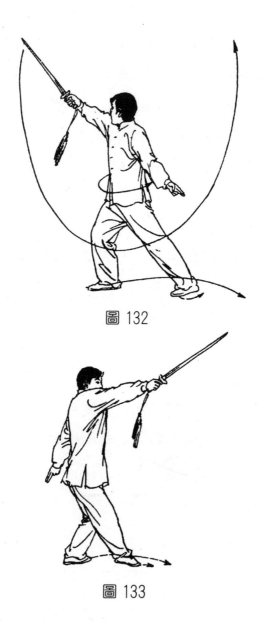

圖 132

圖 133

圖 134

圖 135

（三十九）紫燕穿柳

意境：在寧靜幽深的柳林裡，紫燕穿梭般地往返飛舞。周身有飄飄欲飛之感。

以右腳跟、左腳掌為軸，身體左後轉180度，右手持劍，以腕為軸內旋，以劍尖領先，向下穿至胯左側，劍尖向左後方，劍身與腰平，隨即右腕外旋，劍尖轉朝右上方穿出，同時右腳收經左腳內側向右前方上步，成右弓步，左劍指內旋劃弧指向左下方，手心朝前，目視劍尖前上方。（圖136、137）

圖 136

圖 137

要點：右劍劃圓向右上穿出要與右腿邁出同時進行，動作要輕靈舒展。

（四十）金雞獨立

意境：呈現雄雞般仰首闊胸、雙翼展放、單腿獨立的姿態，自覺全身放鬆，輕鬆愉快，可收伸筋活絡、強筋壯骨、滑利關節之效。

右手持劍，劍尖由前向下、向右、向後劃圓，再向上、向前繞至頭上方，立劍，手心朝前，同時右腳站穩，左腿屈膝提起，左劍指從胸前上移，經

右腕內側再向前移至劍尖下方，手心朝右前方，劍指指向劍尖；目視正前方。

（圖 138）

圖 138

要點：在動作運行過程中要領氣下沉，提膝與劍的劃圓應同時協調地進行，獨立步要平衡穩定。

（四十一）銀鶴亮翅

意境：仙鶴靈敏長壽、善飛翔，借其輕柔靈敏之姿，以收活動周身關節、經筋之效。用丹田呼吸結合內氣運行，可導通尾閭、夾脊、玉枕三關，達到三元合一，以求體健身輕、延年益壽。

1.左腳向前下落，腳尖著地，同時右手持劍經上向後、向下、向前劃圓撩至腰平，立劍，劍尖朝前，手心朝上；同時左劍指經下向左上劃圓至左額上方，手心朝前上方；目視前方。（圖 139）

圖 139

圖 140

2.右腿提膝再向前落步成右虛步，右手持劍經後下向上、向前劃圓至額右前上方時手腕下垂向前下點劍，劍尖低於劍柄；同時左劍指向左側劃圓下落，手心向下，劍指朝前下方；目視前方。（圖 140、141）

要點：右手持劍劃圓

圖 141

的動作要敏捷輕靈、舒展大方。並與左劍指協調配合。

(四十二)宿鳥投林

意境：夜暮降臨，群鳥歸林休棲，借以曉示自身蓄精養神，勞逸結合。

右腳向前上步踏實，左腿屈膝提起，同時兩手在胸前相合，右手持劍向斜前上方刺出，劍柄高於頭，頭稍仰，左劍指護在右腕旁，目視劍尖前方。（圖142）

要點：提膝與上刺要同時進行。

圖 142

(四十三)孔雀開屏

意境：置身孔雀群中翩翩起舞，孔雀開屏競美，猶如仙境一般。可促進神經細胞的健康。

1.右手持劍在身前劃圓一周後向右落平，左腳下落向右腿前蓋步，同時右手持劍由上向左劃圓落至腰平。左劍指變掌，兩手虎口相對，準備交接；目視劍尖左方。(圖143、144)

圖 143

2.右手將劍交到左手
，左腳落實站穩，右腳收
經左腳內側呈半圓形向上
、向外踢擺，右手擊拍右
腳外側，隨即右腳向右後
方落地，右手與持劍的左
手在胸前相合，劍尖朝左
；目視劍尖方向。(圖 145
、146)

圖 144

圖 145

圖 146

要點：交劍後要緊接擺蓮腿，右腿向外踢擺要
圓勻自然，猶如孔雀開屏。

（四十四）鳳凰還巢

意境：遨遊仙境之後，身心舒暢地安然還巢。

1.重心前移成左弓
步，雙手向前平推劍，
隨即雙臂同時向下、向
外伸展，右腿屈膝提起
。（圖147、148）

2.右腳向前落步，
腳步點地成右虛步。
兩臂同時向上、向前
劃弧、使劍柄及劍指

圖147

徐徐下栽，收於丹田前會合，兩手虎口相對，手心
朝裡，目視前方。（圖149）

要點：右腿提起向前邁步要與劍柄下栽同步進
行，雙臂的外展、上舉、下栽要緩慢均勻，上體保
持正直。

圖 148   圖 149

收勢

兩臂向兩側上舉、外展至與肩平，手心朝下，左手持劍貼附於肘下，右腳向左腳併攏，然後兩臂分別向兩側徐徐下落，全身自然放鬆，深呼吸，神氣歸元，輕鬆自如地收勢還原。（圖 150～152）

圖 150

圖 151

圖 152

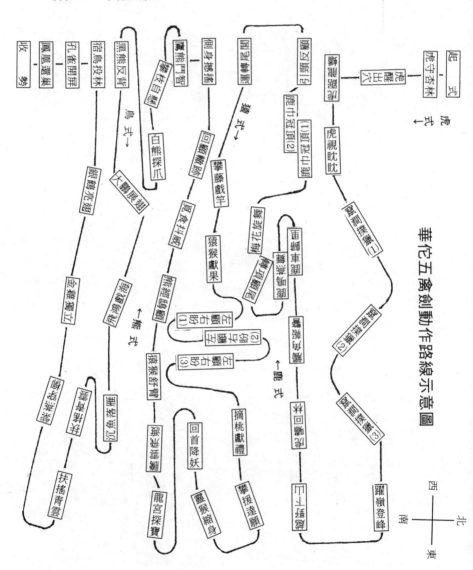

華佗五禽劍動作路線示意圖

鹿式

虎式

虎

式

↑

虎守杏林

虎躍出穴

虎視眈眈

搖頭擺尾

鹿巾冠頂(2)

(1)頂望山嵐

側身橫搖

回頭撒跡

攀枝自顯

蒼熊鬥智

黑熊反背

宿鳥投林

鳳凰還巢

孔雀開屏

收　勢

白熊探爪

攀藤戲竿

猿猴獻果

猿式 →

熊燒蟬願

熊經鳥伸

左顧右盼(1)

縱身安宇(2)

左顧右盼(3)

梅花旋轉

回轉雙翅

搖洋鼓願

俯瞰車躍

揮袖回轉

跟鑽亮翅

大鵬展翅

鳥式 →

羅網撲燕(1)

羅網撲燕(2)

羅網撲燕(3)

躍嶺登峰

半回轉身

巨石壓蟬

摘桃獻禮

回首降妖

靈猴縮身

攀援達願

龍宮探寶

猿猴舒臂

猿猴縮臂

← 熊式

隨鑽舒卷

沉魚落雁

金雞獨立

翔旋迴繞

扶搖青雲

← 鹿式

西

南

北

東

後　記

　　東漢末年的偉大醫學家華佗創編的《五禽戲》，千百年來使得眾多的效法者皆得身健體壯之益，故而盛傳至今。而根據五禽戲的結構和內涵所創編的《華佗五禽劍》，則是對五禽戲的繼承和發展。現謹將《華佗五禽劍》編著成書公諸於眾。供廣大愛好者參考。

　　本書在編寫期間曾得到亳州市新聞、體育、科學、醫務、武術等各界人士的支持，特別是全國人大代表、亳州政協副主席、華佗紀念館名譽館長顏語先生及黑龍江省五禽戲協會主席、原黑龍江省工會副主席王勇同志以及亳州市科委副主任袁會仁、市體委主任呂中立、市人民醫院主任中醫師羅舒庭、市中醫院副院長夏克平、市衛生學校副校長鄞慧清、市武術協會副主席鎖敬海、張啟榮、董文煥等

同志的支持和幫助，在此表示由衷的謝意。

　由於筆者水平有限，難免疏漏訛錯，敬請廣大讀者指正。

劉時榮

1997 年春

大展出版社有限公司　圖書目錄

地址：台北市北投區(石牌)　　電話：(02)28236031
　　　致遠一路二段12巷1號　　　　　28236033
郵撥：0166955～1　　　　　　傳真：(02)28272069

·法律專欄連載· 電腦編號 58

台大法學院　　　法律學系／策劃
　　　　　　　　　法律服務社／編著
1. 別讓您的權利睡著了①　　　　　　　　200元
2. 別讓您的權利睡著了②　　　　　　　　200元

·秘傳占卜系列· 電腦編號 14

1. 手相術　　　　　　　淺野八郎著　180元
2. 人相術　　　　　　　淺野八郎著　180元
3. 西洋占星術　　　　　淺野八郎著　180元
4. 中國神奇占卜　　　　淺野八郎著　150元
5. 夢判斷　　　　　　　淺野八郎著　150元
6. 前世、來世占卜　　　淺野八郎著　150元
7. 法國式血型學　　　　淺野八郎著　150元
8. 靈感、符咒學　　　　淺野八郎著　150元
9. 紙牌占卜學　　　　　淺野八郎著　150元
10.ESP 超能力占卜　　　淺野八郎著　150元
11.猶太數的秘術　　　　淺野八郎著　150元
12.新心理測驗　　　　　淺野八郎著　160元
13.塔羅牌預言秘法　　　淺野八郎著　200元

·趣味心理講座· 電腦編號 15

1. 性格測驗① 探索男與女　淺野八郎著　140元
2. 性格測驗② 透視人心奧秘　淺野八郎著　140元
3. 性格測驗③ 發現陌生的自己　淺野八郎著　140元
4. 性格測驗④ 發現你的真面目　淺野八郎著　140元
5. 性格測驗⑤ 讓你們吃驚　淺野八郎著　140元
6. 性格測驗⑥ 洞穿心理盲點　淺野八郎著　140元
7. 性格測驗⑦ 探索對方心理　淺野八郎著　140元
8. 性格測驗⑧ 由吃認識自己　淺野八郎著　160元
9. 性格測驗⑨ 戀愛知多少　淺野八郎著　160元
10.性格測驗⑩ 由裝扮瞭解人心　淺野八郎著　160元

·青春天地· 電腦編號 17

·實用女性學講座· 電腦編號 19

·校園系列· 電腦編號 20

・實用心理學講座・ 電腦編號21

・超現實心理講座・ 電腦編號22

·社會人智囊· 電腦編號24

·精選系列· 電腦編號 25

·運動遊戲· 電腦編號 26

| 15. 胃、十二指腸潰瘍的飲食 | 勝健一等著 | 280 元 |
| 16. 肥胖者的飲食 | 雨宮禎子等著 | 280 元 |

·家庭醫學保健· 電腦編號 30

1. 女性醫學大全	雨森良彥著	380 元
2. 初為人父育兒寶典	小瀧周曹著	220 元
3. 性活力強健法	相建華著	220 元
4. 30 歲以上的懷孕與生產	李芳黛編著	220 元
5. 舒適的女性更年期	野末悅子著	200 元
6. 夫妻前戲的技巧	笠井寬司著	200 元
7. 病理足穴按摩	金慧明著	220 元
8. 爸爸的更年期	河野孝旺著	200 元
9. 橡皮帶健康法	山田晶著	180 元
10. 三十三天健美減肥	相建華等著	180 元
11. 男性健美入門	孫玉祿編著	180 元
12. 強化肝臟秘訣	主婦の友社編	200 元
13. 了解藥物副作用	張果馨譯	200 元
14. 女性醫學小百科	松山榮吉著	200 元
15. 左轉健康法	龜田修等著	200 元
16. 實用天然藥物	鄭炳全編著	260 元
17. 神秘無痛平衡療法	林宗駛著	180 元
18. 膝蓋健康法	張果馨譯	180 元
19. 針灸治百病	葛書翰著	250 元
20. 異位性皮膚炎治癒法	吳秋嬌譯	220 元
21. 禿髮白髮預防與治療	陳炳崑編著	180 元
22. 埃及皇宮菜健康法	飯森薰著	200 元
23. 肝臟病安心治療	上野幸久著	220 元
24. 耳穴治百病	陳抗美等著	250 元
25. 高效果指壓法	五十嵐康彥著	200 元
26. 瘦水、胖水	鈴木園子著	200 元
27. 手針新療法	朱振華著	200 元
28. 香港腳預防與治療	劉小惠譯	250 元
29. 智慧飲食吃出健康	柯富陽編著	200 元
30. 牙齒保健法	廖玉山編著	200 元
31. 恢復元氣養生食	張果馨譯	200 元
32. 特效推拿按摩術	李玉田著	200 元
33. 一週一次健康法	若狹真著	200 元
34. 家常科學膳食	大塚滋著	220 元
35. 夫妻們關心的男性不孕	原利夫著	220 元
36. 自我瘦身美容	馬野詠子著	200 元
37. 魔法姿勢益健康	五十嵐康彥著	200 元
38. 眼病錘療法	馬栩周著	200 元
39. 預防骨質疏鬆症	藤田拓男著	200 元

·經營管理· 電腦編號01

・健康與美容・ 電腦編號 04

86.預防運動傷害伸展體操	楊鴻儒編譯	120元
88.五日就能改變你	柯素娥譯	110元
89.三分鐘氣功健康法	陳美華譯	120元
91.道家氣功術	早島正雄著	130元
92.氣功減肥術	早島正雄著	120元
93.超能力氣功法	柯素娥譯	130元
94.氣的瞑想法	早島正雄著	120元

・家 庭／生 活・電腦編號 05

1. 單身女郎生活經驗談	廖玉山編著	100元
2. 血型・人際關係	黃靜編著	120元
3. 血型・妻子	黃靜編著	110元
4. 血型・丈夫	廖玉山編譯	130元
5. 血型・升學考試	沈永嘉編譯	120元
6. 血型・臉型・愛情	鐘文訓編譯	120元
7. 現代社交須知	廖松濤編譯	100元
8. 簡易家庭按摩	鐘文訓編譯	150元
9. 圖解家庭看護	廖玉山編譯	120元
10.生男育女隨心所欲	岡正基編著	160元
11.家庭急救治療法	鐘文訓編著	100元
12.新孕婦體操	林曉鐘譯	120元
13.從食物改變個性	廖玉山編譯	100元
14.藥草的自然療法	東城百合子著	200元
15.糙米菜食與健康料理	東城百合子著	180元
16.現代人的婚姻危機	黃靜編著	90元
17.親子遊戲　0歲	林慶旺編譯	100元
18.親子遊戲　1~2歲	林慶旺編譯	110元
19.親子遊戲　3歲	林慶旺編譯	100元
20.女性醫學新知	林曉鐘編譯	180元
21.媽媽與嬰兒	張汝明編譯	180元
22.生活智慧百科	黃靜編譯	100元
23.手相・健康・你	林曉鐘編譯	120元
24.菜食與健康	張汝明編譯	110元
25.家庭素食料理	陳東達著	140元
26.性能力活用秘法	米開・尼里著	150元
27.兩性之間	林慶旺編譯	120元
28.性感經穴健康法	蕭京凌編譯	150元
29.幼兒推拿健康法	蕭京凌編譯	100元
30.談中國料理	丁秀山編著	100元
31.舌技入門	增田豐著	160元
32.預防癌症的飲食法	黃靜香編譯	150元
33.性與健康寶典	黃靜香編譯	180元
34.正確避孕法	蕭京凌編譯	180元

·命理與預言· 電腦編號06

國家圖書館出版品預行編目資料

華佗五禽劍／劉時榮編著；
－初版－臺北市，大展，民 88
120 面；21 公分－（武術特輯；26）
ISBN 957-557-920-8（平裝）

1. 劍術 2. 武術—中國

528.975   8804360

行政院新聞局局版臺陸字第 100960 號核准
北京人民體育出版社授權中文繁體字版

華佗五禽劍   ISBN 957-557-920-8

編 著 者／劉　時　榮
發 行 人／蔡　森　明
出 版 者／大展出版社有限公司
社　　址／台北市北投區（石牌）致遠一路 2 段 12 巷 1 號
電　　話／(02) 28236031・28236033
傳　　真／(02) 28272069
郵政劃撥／0166955—1
登 記 證／局版臺業字第 2171 號
承 印 者／高星印刷品行
裝　　訂／日新裝訂所
排 版 者／千兵企業有限公司
電　　話／(02) 28812643
初版 1 刷／1999 年（民 88 年）6 月

定　價／180 元

大展好書 ✕ 好書大展